BEI GRIN MACHT SICH IHR WISSEN BEZAHLT

- Wir veröffentlichen Ihre Hausarbeit, Bachelor- und Masterarbeit

- Ihr eigenes eBook und Buch - weltweit in allen wichtigen Shops

- Verdienen Sie an jedem Verkauf

Jetzt bei www.GRIN.com hochladen und kostenlos publizieren

Bibliografische Information der Deutschen Nationalbibliothek:

Die Deutsche Bibliothek verzeichnet diese Publikation in der Deutschen National-
bibliografie; detaillierte bibliografische Daten sind im Internet über http://dnb.d-
nb.de/ abrufbar.

Impressum:

Copyright © 2017 GRIN Verlag
Druck und Bindung: Books on Demand GmbH, Norderstedt Germany
ISBN: 9783668771338

Dieses Buch bei GRIN:

https://www.grin.com/document/434787

Marie-Loise Wunderlich

Das Tocqueville-Paradox. Die Auswirkungen subjektiver Wahrnehmung auf die Ungleichheitsdebatte

GRIN Verlag

GRIN - Your knowledge has value

Der GRIN Verlag publiziert seit 1998 wissenschaftliche Arbeiten von Studenten, Hochschullehrern und anderen Akademikern als eBook und gedrucktes Buch. Die Verlagswebsite www.grin.com ist die ideale Plattform zur Veröffentlichung von Hausarbeiten, Abschlussarbeiten, wissenschaftlichen Aufsätzen, Dissertationen und Fachbüchern.

Besuchen Sie uns im Internet:

http://www.grin.com/

http://www.facebook.com/grincom

http://www.twitter.com/grin_com

Das Tocqueville-Paradox

Die Auswirkungen subjektiver Wahrnehmung auf die Ungleichheitsdebatte

Hausarbeit, Sternstunden der Soziologie

Im Studiengang: Soziologie der Bergischen Universität Wuppertal

Vorgelegt von: Marie-Loise Wunderlich

Datum: Montag, 26.03.2018

Inhaltsverzeichnis

1.0 Einleitung

Alexis de Tocqueville stellte in seinen Veröffentlichungen die Theorie auf, dass ein unterdrückendes Regime eine höhere Gefahr läuft umgestürzt zu werden, sobald es versucht sich zu reformieren.

"Der Abbau von Unrecht schärft die Sinne für Ungerechtigkeiten, die noch weiterhin bestehen, und gerade die Reform schlechter Sozialverhältnisse erhöht die Wahrscheinlichkeit ihrer revolutionären Veränderung." (Neckel 2010, S.381).

Reformen, die zur Verbesserung führen, seien somit tödlich für einen alten Staat, die Autorität der Herrschaft wird dadurch untergraben und das Selbstbewusstsein der Opponenten wird gestärkt. Benannt wurde dieses Phänomen als sogenanntes Tocqueville-Paradox nach seinem Entdecker, dem Historiker und politischen Theoretiker Alexis de Tocqueville (1805-1859) und stellte früher einen Klassiker der politischen Soziologie und Demokratieforschung dar. So sei eine Erklärung dieses Phänomens, dass die Verringerung von Missständen den Abstand zu den noch bestehenden Missständen markiert (vgl. Neckel 2010, S.383). Die vorliegende Hoffnung auf Veränderung verändert somit das Gespür dafür, was noch möglich ist, wodurch die Unzufriedenheit der Gesellschaft steigt, obwohl absolut betrachtet eine Verbesserung der Lebensumstände vorliegt.

2.0 Tocqueville-Paradox und die Französische Revolution

Vor der französischen Revolution schien Frankreich dem Schicksal von willkürlicher Herrschaft und Despotismus zu verfallen. Zu Anfängen der französischen Revolution sah Tocqueville bereits den Widerspruch, dass Frankreich sich anscheinend gegensätzlich zu den Plänen politischer Akteure bewegt. Folglich scheint der Prozess zur Demokratie unaufhaltsam zu sein (Craiutu 2012, S.20).

Zu erkennen war ein zunehmender Verfall Frankreichs Ende des 17. Jahrhunderts, wobei erfolglose Kriege die Nation gekennzeichnet haben. Die Regierung dreht sich im Kreis alter Gewohnheiten, ohne etwas Neues zu schaffen, Städte machen keine Anstrengungen die Lage ihrer Bewohner bequemer und gesünder zu machen und Privatleute haben sich mit den Umständen abgefunden, ohne bedeutende Schritte zu unternehmen (vgl. de Tocqueville 1815, S.388ff.). Zur Entstehung der Revolution und Auftreten des Paradoxes muss nun der Wandel betrachtet werden, der bereits dreißig bis vierzig Jahre vor der Revolution beginnt, in dem sich in viele Teilen der Gesellschaft ein unruhiges Gefühl bemerkbar macht. Das Streben nach Verbesserung ist erkennbar, wobei dieses Bestreben ein ungeduldiges und mürrisches Verlangen darstellt. Eine Veränderung des Zustandes wird erträumt, wobei die Vergangenheit verflucht wird (vgl. de Tocqueville 1815, S.388ff.). Auch in der Regierung findet dieses Bestreben Einlass. Durch diesen Wandel geht bereits eine indirekte

3

Reform der Regierung aus, welche diese somit in Gefahr bringt, da die Anwendung der, zwar gleichbleibenden aber willkürlichen Gesetze nach und nach milder wird (vgl. de Tocqueville 1815, S.389). Auch die Missstände werden immer langsamer behoben, indem das Leiden der Armen mehr berücksichtigt wird, Gewalttaten seltener werden und Steuerermäßigungen und Unterstützungen zahlreicher. Somit veranlasst selbst König Ludwig XVI. das aufkommende Unruhen und Proteste nach mehr Gleichheit, durch die Errichtung von Armenarbeitshäusern und Unterstützungen der Bedürftigen, entstehen (vgl. de Tocqueville 1815, S. 389ff.). Während diese Veränderungsprozesse auch für Regierende und Regierte vor sich gehen, entwickelt sich der öffentliche Wohlstand immer schneller. Alle Anzeichen deuten auf Vermehrung der Bevölkerung und Wachstum der Reichtümer hin. Der Staat gerät dabei in Schulden, die Bürger fahren jedoch fort ihren Reichtum zu mehren, wodurch die Erwartungen an die Gesellschaft weiterhin steigen (vgl. de Tocqueville 1815, S.389ff.). Die angestiegene Sensibilität und die Ansprüche, welche sich zu höheren Erwartungen entwickeln, geben der Bevölkerung die Motivation zur Revolution, welche unter den vorherigen miserablen Umständen nicht hätte entstehen können.

Demokratie müsse nach Tocqueville gereinigt sein, denn es trägt die hohe Wahrscheinlichkeit in sich ein Feind der Freiheit und der Zivilisation zu werden (vgl. Craiutu 2012, S. 618). Das Problem sei grundlegend nicht bloß die ständige Anspannung zwischen Freiheit und Gleichheit, sondern die Tatsache, dass die Bürger durch die Demokratie versuchen würden diese Anspannung aufzulösen, in dem sie primär die Freiheit in Gefahr bringen um für mehr Gleichheit zu sorgen (vgl. Craiutu 2012, S.619). Demokratie fördere eindeutig Homogenität und Monotonie, so dass die Bürger einer Demokratie dazu neigen, dieselben Interessen zu verfolgen. Ziel sei es Ihr eigenes Wohlbefinden zu verbessern und ihre Möglichkeiten zu erweitern. „Variety is disappearing from within the human species, the same manner of acting, thinking, and feeling is found in all the corners of the world" (Craiutu 2012, S.620).

Tocqueville betrachtet in Angesicht seiner Theorie die Französische Revolution. Anders zu bisherigen Deutungen seien der Aufstieg des Bürgertums und die geschwächte Aristokratie keine Ursachen, sondern Folge der demokratischen Entwicklung. So seien nicht das Elend der unteren Klassen, sondern das Führungshandeln der Eliten und deren Machtschwächsten entscheidend für die Revolution (vgl. de Tocqueville 1815, S.380ff.). Tocqueville bezieht sich in seiner Ungleichheitstheorie vor allem auch auf die subjektive Wahrnehmung der Akteure und auf das Relativieren der gesellschaftlichen Differenzen einzelner Gruppen. Folglich betont Tocqueville, dass das Verlangen nach mehr Gleichheit und demokratischen Umständen auf Grund vorheriger Verbesserungen und Reformen zustatten geht. Bezüglich der französischen Revolution begann der Aufstand, als die Wende zum Besseren schon geschaffen war. Somit haben positive Entwicklungen im Handel und der

Industrie die Revolution beschleunigt (vgl. de Tocqueville 1815, S380ff.). Je mehr sich im weiteren Verlauf der Wohlstand entwickelt hat und die öffentliche Meinung beachtet wurde, desto größer war der Drang nach mehr Gleichheit und zugleich die Unruhe in der Gesellschaft. Das grundlegende Paradox in diesem Prozess liegt somit, darin, dass die gesellschaftlichen Übel geringen werden, jedoch die Empfindlichkeit ihnen gegenüber größer, das ebenfalls zu Zeiten der französischen Revolution beobachtet werden konnte. „Sobald die Möglichkeit am gesellschaftlichen Horizont auftaucht, dass Missstände beseitigt werden können, erscheint deren weitere Duldung umso unerträglicher "(Neckel 2010, S.382).

3.0 Beispiele

Zunächst wird das Auftreten des Tocqueville Paradoxes anhand von zwei geschichtlichen Beispielen verdeutlicht. Zum einen an der Auflösung der UdSSR nach der Einführung neuer Reformen und zum anderen an der Wiedervereinigung von West und Ostdeutschland und ihre Folgen auf die Zufriedenheit der Menschen.

3.1 Auflösung der Sowjetunion

Zur Veranschaulichung des Tocqueville Paradox und des Prozesses, dass Verbesserungen und Reformen zu Unzufriedenheit und zum Untergang eines Staates führen können, wird das Beispiel der Sowjetunion in genauere Betrachtung gezogen.

Zunächst fing der Auflösungsprozess der Sowjetunion Mitte der 1980er Jahre an und verteilte sich über die weiteren Jahre. Obwohl die Ursachen umstritten sind, scheint es unumgänglich, dass vor allem Gorbatschows Reformen maßgeblich dazu beitrugen, dass der Staat nicht länger beibehalten werden konnte. Gorbatschow war Generalsekretär des Zentralkomitees der KPdSU und wird heutzutage von vielen russischen Bürgern für den Zerfall der Sowjetunion und für die folgenden wirtschaftlichen Probleme verantwortlich gemacht (vgl. Ewgeniy 2015). Zunächst ist zu erwähnen, dass die Bevölkerung bereits von Vornerein mehrere Probleme und Einschränkungen in ihren Lebensumständen sah. Beispielsweise fühlten sich viele Bürger durch die ideologische Bevormundung in ihrer Freiheit beraubt. Das Wettrüsten mit den USA, so wie wirtschaftliche Krisen machten der Bevölkerung zu schaffen. Es bahnten sich mehrere Krisen und Forderung der Bevölkerung an, welche zuletzt dazu führten, dass Gorbatschow zur Verbesserung und Erneuerung des Systems Reformen freisetzte. Mit der sogenannten Perestroika und Glasnost wird ein beispielhafter Prozess des Tocqueville Paradoxes veranschaulicht (vgl. Ewgeniy 2015).

Somit wird vor allem von russischen Altkommunisten die Schuld des Untergangs der Sowjetunion Michail Gorbatschow zugeteilt. Es wurden im Laufe der 80er Jahre durch sein Mitwirken zwei maßgebliche Reformen, zum einen „Glasnost", welche für mehr Offenheit sorgen sollte, so wie

5

Perestroika, welche sich auf den Umbau und die wirtschaftliche Umstrukturierung der Sowjetunion beziehen sollte (vgl. Ewgeniy 2015).

Erstere sollte bewirken, dass die strenge Politik nachlässt, und somit in der Öffentlichkeit mehrheitlich Diskurse über Probleme im gesellschaftlichen Leben stattfinden können, so dass fehlgeschlagene Entwicklungen kollektiv diskutiert werden können (vgl. Neckel 2010, S.380). Hier bei stellt sich, nach den Voraussagen des Tocqueville Paradoxes, bereits ein Problem, welches zum Umsturz der Sowjetunion beitragen könnte, dar. Durch die wirtschaftlichen Verbesserungen und nun auch die Möglichkeiten zum Austausch untereinander, könnte den Menschen viel mehr bewusst werden, unter welchen, in relativer Sichtweise, schlechten Bedingungen sie noch vor den Reformen gelebt haben. Durch die Verbesserung der Lage und der angleichenden gesellschaftlichen Differenzen fangen die Menschen durch öffentliche Diskurse an, ihre Situation mit anderen zu vergleichen und ihre vergangenen Erfahrungen zu teilen. Hierdurch könne ein Prozess der relativen Deprivation stattfinden wodurch die nachfolgende Unzufriedenheit erklärt werden könnte.

Anstatt eine „positive Haltung und Begeisterung für die Reform" (Neckel 2010, S.380) zu fördern, führte dieser Prozess eher zum Gegenteiligen. Denn den Menschen wurde die Krise der KPdSU um einiges deutlicher, wodurch eine schwerere innere Krise entstand, weswegen die kommunistische Partei viele ihrer Anhänger verlor (vgl. Neckel 2010, S.380). Im Jahr 1990 gaben fast alle Republiken ihre Souveränität preis und beschlossen somit das Verlassen der Union. Zuletzt entschied sich auch Russland dafür, der Union seinen Rücken zu kehren. Durch den Verlust von Moskau, wo alle Gremien ihren Sitz fanden, folgte eine schneller Machtverlust (vgl. Ewgeniy 2015). Hierdurch zeigt sich zu dem die J-Kurve von Davies. Denn ähnliche Krisen und Unterdrückung, wie wirtschaftliche Probleme gab es auch vor der Zeit Gorbatschows. Hier lösten diese jedoch keine derartige Unzufriedenheit, wie höhere Erwartungen an das System aus. Erst durch den Verbesserungsprozess wurde ein viel stärkerer Veränderungsprozess angekurbelt, wodurch die Bevölkerung mehr erwarteten als ihnen die bisherigen Reformen gaben. Durch diese Unzufriedenheit und Erwartungen konnte das gesamte System sein Bestehen nicht mehr aufrechterhalten, weswegen es letztendlich aufgelöst werden musste.

Durch die Perestroika wurden die Wirtschaft so wie die Politik und gesellschaftliche Komponenten umgestaltet. Folglich entstand eine Art Schneeballeffekt, der dazu führte, dass sich die Erwartungen an die Veränderungen verselbstständigten. Insgesamt wird jedoch deutlich, dass diese Reformen zwar für Hoffnung aber auch mehr Enttäuschung sorgten und nicht annäherungsweise für weitreichende Zufriedenheit im Volk (vgl. Ewgeniy 2015). Somit folgte das Ende der Sowjetunion, obwohl durch die Reformen ein Verbesserungsprozess zur Erhaltung des Staates angestrebt wurde.

Dadurch wurde ab 1990 die Unabhängigkeit der baltischen Staaten anerkannt. Das Bedrängen nach Veränderung und der Wille nach Neuen und nach der Abgrenzung des alten Systems spiegelte sich in einem Referendum wieder, in dem knapp 90% für die Unabhängigkeit aussprachen (vgl. Ewgeniy 2015). Durch die zunehmende öffentliche Freiheit wurde der Glaube nahezu vernichtet, dass in der Sowjetunion die einzelnen Staaten friedlichen und gewollt zusammenleben würden (vgl. bpb 2013, S.47). Zudem verhielt sich Gorbatschow in nationalen Fragen meist unangebracht. So entstanden 1986 in Kasachstan erste Auseinandersetzungen, als er den Ersten Sekretär, der kasachischer Landsmann war, durch einen russischen Bürger ersetzte.

Zudem wurde die Freisetzung der Glasnost von vielen UdSSR Bürgern falsch interpretiert und zu hoch angesetzt. An der eigentlichen Freiheit, die nur zu einer stärkeren öffentlichen Diskussion führen sollte, wurden die Erwartungen zu weit gespielt. Viele Bürger erhofften sich von den Reformen, dass die vorausgesagten Umstrukturierungen ebenfalls langanhaltende Konflikte bezügliche ungewisser Grenzverläufe, so wie Territorien beenden können. Somit konnten die Erwartungen nicht der Realität folgen, wodurch eine Lücke entstand, die zu anhaltender Unzufriedenheit führte. Daraus folgten weitere Auseinandersetzungen und Massendemonstrationen, welche auch durch Gorbatschows Einstreiten nicht zurückgehalten werden konnten. Die Situation konnte selbst durch das Eingreifen des Militärs nicht besänftigt werden (Bpb 2014, S.47).

Durch diesen Prozess war jeglicher Versuch Gorbatschows die Sowjetunion aufrechtzuerhalten zum Scheitern verurteilt. Denn für die souveränen Staaten war die Auflösung der UdSSR bereits offiziell, so dass zuletzt ein loser Zusammenschluss der Gemeinschaft Unabhängiger Staaten vereinbar wurde (vgl. Ewgeniy 2015).

Insgesamt zeigt sich, dass es möglicherweise, auf Grund des Rufes nach Unabhängigkeit unausweichlich zu einer Revolution hätte kommen können, dennoch waren die Reformen ein maßgeblicher Auslöser für den Untergang der Sowjetunion. So scheint die Verbesserung der Gleichheit in einer Gesellschaft tatsächlich zu einer höheren Unzufriedenheit zu führen. Um dies jedoch richtig einzuordnen, wird diese alleinige Veränderung nicht ausreichen um eine Revolution zu verursachen. Die UdSSR befand sich schon von Anfang an in einem kritischen Zustand.

Wie auch am Beispiel des Gefangenendilemmas bezüglich der Entstehung einer Revolution zu sehen ist, ist es für die Akteure meist unplausibel an umstürzenden Protesten teilzunehmen (vgl. Esser 1993, S.380 ff.). Ein möglicher Grund für die stattfindende Revolution, trotz der Risiken, die dadurch für die einzelnen Akteure einhergehen, waren die einzelnen Staaten, die ihre Unabhängigkeit forderten. Nach Esser ist die Durchsetzung einer Revolution um einiges unproblematischer, wenn ein mächtiger Akteur, der gleiche Interessen vertritt und ebenfalls über relevante Mittel verfügt, sich für die Umstrukturierungen einsetzt (vgl. Esser 1993, S. 183). Im Fall der Umstürze der Sowjetunion waren ebenfalls mächtigere Akteure beteiligt. So empfand vor allem die prowestlich-liberale Opposition die Reformen als zu schwach und hatte sich mehr von den Verbesserungsprozessen erhofft (vgl. Ewgeniy 2015). Folglich haben selbst KPdSU-Funktionäre die Unabhängigkeiten in Betracht gezogen. Auch durch das Bestreiten Jelzins, der antretende Präsident Russlands, die UdSSR zu erhalten, wurde die Umsetzung des Wandels erleichtert. Denn auch hohe Politiker, wie Eliten, sprachen sich für die Revolution aus und veranlassten, dass der neue Vertrag der UdSSR nicht unterzeichnet werden sollte (vgl. Ewgeniy 2015).

So ist zuletzt zu sagen, dass auf Grund vielseitiger Umstände die Auflösung der Sowjetunion stattfand, und die Reformen Gorbatschows den Weg zum Wandlungsprozess öffneten und zugleich stark beschleunigten, wie es auch Tocqueville in seinen Veröffentlichungen erläutert.

3.2 Unzufriedenheit in Ostdeutschland

„So kann gesagt werden, dass nach der Wiedervereinigung die Unzufriedenheit in Ostdeutschland stieg, obwohl die Lebensbedingungen gewachsen sind" (Neckel 2010, S.383). Fraglich ist, ob dies ähnliche Ursache hat, wie die aufkommende Unzufriedenheit während der französischen Revolution. Die Menschen haben durch den direkteren Vergleich zu Ostdeutschland höhere Erwartungen an die Lebensumstände, so dass auch die angehenden Verbesserungen keine größere Zufriedenheit auslöst, sondern viel mehr Frust. „Die Löhne liegen im Osten um etwa 30 Prozent unter den westlichen Werten, die Wirtschaftsleistung pro Kopf auch" (Endres 2015). Somit kann gezeigt werden, dass der relative Vergleich und die Erwartungen durch Erfahrungen mit besseren Lebensbedingungen, die Zufriedenheit der Menschen hemmt, da sich diese Erwartungen anpassen und nicht wie vor der Vereinigung, unabhängig von Missständen, gleichgeblieben sind. Denn als zusammengehörig erkannte Statusdimensionen fungieren als Bedingung des Vergleichs „Frustration entsteht dann aus einer erlebten Inkonsistenz dieser Statusdimensionen" (Esser 1993, S. 383).

Ein weiteres wichtiges Merkmal zeigt, dass trotz des Wachstums der Wirtschaft, die Unzufriedenheit der Menschen weiterhin anhält. Spezifisch in Sachsen, wo ein starker Aufschwung zu spüren ist, herrscht die stärkste Unzufriedenheit in Ostdeutschland (vgl. Endres 2015). Die Umstände spiegeln sich somit, wie das Paradox vorhersagt, wieder, so dass durchgesetzte Reformen oder die Anpassungen gesellschaftlicher Lebensumstände schlussendlich zu einer höheren Enttäuschung führen. Wenn die Möglichkeit, das vorherige Gesellschaftsleben in dieser Form beizubehalten, bestehen würde, das heißt, dass die ausschlaggebenden Ungleichheiten standhaft geblieben wären, hätte die Bevölkerung diesen Zustand weiterhin akzeptiert und hingenommen. Objektiv ist also zu erkennen, dass Ungleichheiten immer mehr gesenkt werden konnten, aber subjektiv der

Erwartungsanspruch umso sensibler und höher wurde, was zunächst sehr widersprüchlich erscheinen mag.

Nach der Wiedervereinigung konnten in vielen Bereichen eine Verbesserung beobachtet werden. Allgemein war die Qualität der Ernährungssituation gestiegen, so wie die medizinischen Bedingungen und die Umweltfaktoren verbesserten sich, was ebenfalls eine hohe Auswirkung auf die Lebenserwartung hatte, welche sich an den Werten Westdeutschlands anpasste (vgl. Schroeder 2010). Dennoch scheint die höhere Unzufriedenheit durch diesen Auftrieb nicht nachhaltig gesunken zu sein. Ein weiterer Aspekt ist der „überproportionale Rückgang der Suizidrate" (Schroeder 2010). Wie durch Tocqueville erklärt, entsteht die Sensibilität des Ungerechtigkeitsgefühls durch eine erstere Verbesserung, welche nach dem Mauerfall jedoch die Lebensfreude der Ostdeutschen zunächst stiegen ließ. Trotz dieser Verbesserung und auch eines steigenden Eingliederungsprozesses, strahlen die Ostdeutschen eine höhere Enttäuschung aus, als Bürger der ehemaligen Bundesrepublik (vgl. Schroeder 2010). Der Ruf nach Gleichheit zwischen Ost und Westdeutschland wird somit immer größer, obwohl die Ungleichheit zwischen Ost und West erheblich abgebaut wurde.

Die derzeitige Situation wird somit nicht mehr mit ehemaligen Zuständen verglichen, sondern mit ihrer Erwartungshaltung an den Wohlstand im Westen, der jedoch im Anschein verherrlicht wird (vgl. Schroeder 2010). Ähnlich wie der angestiegene Wohlstand vor der Revolution in Frankreich, werden solche Aufwärtsentwicklungen weniger geachtet und zu mehr die noch bestehenden Ungleichheiten in den Fokus genommen. Der selbstverstärkende Effekt der höheren Nachfrage nach Gleichheit kann in diesem Fall vor allem auf die relative Deprivation zurückgeführt werden. Der Aufschwung scheint jedoch ebenfalls die Erwartungen an einen weiteren Anpassungsprozess hervorgehoben zu haben.

Auch wird die Tatsache, dieses Paradox zur Entstehung einer Revolution oder möglicher Umstürze zu verwenden, dadurch gestärkt, dass vor allem in Ostdeutschland Proteste, wie beispielsweise der Pegida beobachtet werden können, und stärker ausgeprägt sind als im restlichen Land (vgl. Endres 2015).

4.0 Anwendung auf Revolutionen

Dass Ursachen zur Entstehung von Unzufriedenheit durch die relative Deprivation oder das Tocqueville Paradox zu erklären sind, lässt sich nicht bestreiten. Dennoch stellt sich die Frage ob es als hauptsächliche Komponente zur Entstehung von Revolutionen, durch das nachteilige Vergleichen, verwendet werden kann, oder ob bei derart großen Umstürzen viel mehr andere Prozesse und zufallsbedingte Umstände eine Rolle spielen.

Revolutionen stellen somit einen Spezialfall des Problems des kollektiven Handelns dar, wobei es allgemein verzwickt ist große Gruppen zu einer Revolution zu geleiten. Denn der Erfolg der

Revolution steht nicht sicher fest so wie die Vorteile, die für die jeweiligen Individuen sich ergeben könnten. So seien die Anstrengung sehr hoch und, das was durch einen Fehlschlag zu verlieren ist ebenfalls (vgl. Esser 1993, S.381).

Um dies näher zu verdeutlichen, könnte das Gefangendilemma nach Esser in Anbetracht gezogen werden. In diesem Beispiel wird eine erfolgreiche Revolution mit einem Wert von 100 Werteinheiten festgelegt. Die Möglichkeit, dass dieses Vorhaben zukunftsträchtig endet liegt bei 50%. Da die Eigenbeteiligung bei Revolutionen bloß wenig ausmacht, steigt die Chance des Gewinnens bei einer eigenen Teilnahme bloß gering. Auch die einzelnen Revolutionäre, während der französischen Revolution, haben durch ihre Anstrengung keinen enormen Unterschied im Verlauf erreicht, da es sich um große Massen handelt. Somit wird davon ausgegangen, dass die Chance auf eine vielversprechende Revolution bei Eigenbeteiligung um gerade einmal 1% wächst. Des Weiteren wird das Risiko eingegangen, dass bei alleiniger Beteiligung, also dass kein anderer Mitstreiter sich für eine revolutionäre Aktion entscheidet, dass die Bestrafung nahezu sicher ist. Weiterhin sei der Misserfolg einen Verlust von 20 Werteinheiten wert. So stellt sich dem Revolutionär die Frage, ob es bei einem derartigen Risiko sinnvoll ist eine Revolution zu unterstützen. Die Möglichkeiten der Revolution stellen sich in der folgenden Abbildung dar:

	alle anderen	
	Beteiligung	keine Beteiligung
potentieller Aktivist — Beteiligung	41	-20
keine Beteiligung	50	0

Abb. 12.1: Die Beteiligung an einer Revolution als Gefangenendilemma

(Esser 1993, S382ff.)

Folglich ist zu erkennen, dass das einzelne Individuum nicht vernünftig handeln würde, sobald es an einer Revolution teilnimmt. Vor allem in Revolutionen wie in Frankreich, wo nahezu das gesamte Volk für mehr Gerechtigkeit gekämpft hat, wäre es so gesehen sinnfrei sich für die neuen Wunschvorstellungen einzusetzen, da das was dem Ganzheitlichen, durch die Eigenbeteiligung zu Gunsten kommt, sehr gering ist. Die Lösung für die erklärten Probleme wäre beispielsweise, dass eine einzelne, anführende Person, die auch Interesse an der Revolution hat, diese steuert. Dennoch erscheint das Auftreten dieser Möglichkeit als sehr unwahrscheinlich (vgl. Esser 1993, S.382)

So ist es folglich schwierig, auf Grund von sämtlichen anderen relevanten Faktoren, das Tocqueville Paradox und die mitwirkende relative Deprivation als hauptsächliche Ursache für eine Revolution zu betrachten. Denn es zeigt sich, dass Interessen der Revolution häufig nicht die Möglichkeiten zu ihrer Umsetzung besitzen wohingegen die mächtigeren Akteure, welche diese Möglichkeiten offenstehen, kein Interesse an derartigen Umstürzen zu haben (vgl. Esser 1993, S.382). Jedoch kann nicht ausgeschlossen werden, dass Folgen der relativen Deprivation zur Anbahnung möglicher Revolutionen einwirken.

Als eine Theorie des kollektiven Handelns wird versucht das Tocqueville-Paradox als allgemeine Erklärung für kollektive Erhebungen, Umstürze und Revolutionen zu modellieren.

Vor allem durch das Phänomen, dass Menschen sich nicht in größter Zeit der Not gegen die Missstände zu Wehr setzen, sondern dann, wenn es ihnen bereits besser geht, wird der starke Einfluss des Paradoxes deutlich (vgl. Neckel 2010, S. 380).

Raymond Boudons Interpretation zeigt, dass die Wünsche und Ansprüche schneller, während der Verbesserung wachsen, als die Möglichkeit diese zu erfüllen, wodurch die relative Frustration steigt und Menschen eher zum Wunsch nach Reformen neigen (vgl. Neckel 2010, S. 384ff.).

Wichtig bei der Ungleichheitsanalyse in diesem Fall sind die Deutungen von Akteuren. Das Gefühl der Ungleichheit und ein gleichzeitiges steigen der Wahrnehmung von Ungerechtigkeit beruht auf dem Vergleich mit relevanten Bezugsgruppen, zurückliegenden Erfahrung und eigene Erwartungen, welche durch die derzeitigen Umstände und Veränderungen der Gesellschaft beeinflusst werden. Eigene Interpretationen der materiellen Situation sind wichtig und führen zum Gefühl der Schlechterstellung, auch wenn objektive Daten Besserung zeigen (vgl. Neckel 2010, S. 383ff.). Revolutionäre Prozesse entstehen vor allem dadurch, dass Ansprüche enttäuscht werden und diese Vorstellungen der Bevölkerung nicht mehr der Wirklichkeit entsprechen. Hierdurch entsteht eine Lücke, da die Realität des Wohlfahrtsprozesses nicht mehr den Ansprüchen gerecht wird (vgl. Esser 1993, S. 383).

Nach Esser sind Erwartungen „gedankliche Assoziationen über einen selektiven Zusammenhang zwischen Ereignissen und Sachverhalten aller Art" (Esser 1993, S.69). Jedoch hat die Enttäuschung dieser Erwartungen keine hohen Konsequenzen, weshalb man schlussfolgern kann, dass die Erwartungen sich bereits zu Ansprüchen entwickelt haben müssen, um Motivation zur Revolution zu geben. Ansprüche werden vielmehr mit Wertungen, Wünschen und Gefühlen gleichgesetzt (vgl. Esser 1993, S.74). Der emotionale Faktor ist vermutlich ebenfalls ausschlaggebend, damit sich die Bevölkerung zur Revolution bereitstellt. Durch die revolutionären Nachteile wird die Umsetzung einer Revolution jedoch als allgemein unwahrscheinlich interpretiert. Dies kann darauf zurückgeführt werden, dass eine erfolgreiche Revolution ungewiss bleibt und die Anstrengung jedes Einzelnen sehr hoch ist und gleichzeitig die Wahrscheinlichkeit, dass die Umstürze nicht fehlschlagen sehr gering bleibt (vgl. Esser 1993, S.381).

Aus dem, auch meist durch Regierungen entstanden Aufschwung, entwickeln sich somit höhere Ansprüche. In der französischen Revolution entwickelte sich der öffentliche Wohlstand immer schneller, und der Reichtum schien zu steigen. Was jedoch ebenfalls parallel geschah, war die Verschuldung des Staates während Bürger fortfahren ihren Reichtum zu mehren. Somit ist es unumgänglich, dass die Erwartung bald nicht fortan erfüllt werden können. Dies sorgt für vermehrte Unzufriedenheit, was zu Protesten führen kann (Neckel 2010, S.387ff.).

Die subjektive Unerträglichkeit könnte somit zur Revolution führen. Denn mit fortschreitender Entwicklung des Wohlstands wurden die Gemüter unruhiger und unbehaglicher, die öffentliche Unzufriedenheit stieg und der Hass gegen die alten Institutionen wurde immer ausgiebiger. In den, um Paris liegenden, Landesteilen, späterer Hauptherd der Revolution, waren Freiheit und Habe der Bauern besser gesichert als in anderen Provinzen, daher kann man sagen, dass die Franzosen ihre Lage umso unerträglicher fanden, je besser sie im eigentlichen Sinne war (vgl. Neckel 2010, S. 389ff.).

Insgesamt kann jedoch zur Geltung gebracht werden, dass das bloße Austreten des Paradoxes und die Enttäuschung von Ansprüchen, die durch die Verbesserung der Lebenslagen aufkommen, so wie die relative Frustration, wohl nicht alleiniger beziehungsweise hauptsächlicher Grund für eine Revolution sein kann. Die Ungleichheiten fallen zwar deutlicher auf, und Unzufriedenheit scheint zu wachsen, daher kann geschlussfolgert werden, dass diese Abfolgen der Veränderung dennoch mitwirkend zu Umstürzen und Revolutionen führen können.

5.0 Vergleich zu anderen Ungleichheitsmodellen

Wichtige Besonderheiten des Tocqueville Paradox ist, dass es die Ungleichheit unabhängig vom absoluten Ausmaß der Not bewertet und abhängig vom Vergleich der Missstände mit den eigenen Erwartungen. Die Schwierigkeit liegt darin, dass die Erwartungen an die Gleichheit der Gesellschaft steigen, sobald die Differenzen bereits, auch wenn nur minimal, verringert wurden. Somit entsteht ein sozialer Mechanismus der Selbstverstärkung der Forderung nach Gleichheit (vgl. Neckel 2010 S. 382ff.). Je mehr Ungleichheiten abgebaut werden, desto stärker wird der Ruf nach Gleichheit. Ursache dafür ist, die Sichtbarkeit und subjektive Wahrnehmung der Unterschiede, so dass bei einer gleichmäßigen und homogenen Gesellschaft die geringsten Unterschiede kränkend werden und die Sensibilität der Bürger, im Vergleich zu einer Gesellschaft mit hoher Ungleichheit, erhöht ist (vgl. Neckel 2010, S.383). Das Paradox zeigt sich somit darin, dass der Wunsch nach Gleichheit stärker wird, je größer die Gleichheit ist.

Georg Simmel kommentierte bereits, dass die Ungleichheitsgefühle nicht aus absoluten Mangel, sondern vielmehr aus der Reizung der relativen Unterschiede anderen gegenüber entstehen, worauf in dieser Theorie primär das Augenmerk geworfen wird. Je weiter sich also die soziale Angleichung einer Bevölkerung entwickelt, desto bewusster werden die restlichen Differenzen. So erläutert Simmel bereits, dass der Vorstellungsinhalt und die Erwartungen erst bewusst und deutlich werden, „wenn sie in noch mehreren und andersartigen Verbindungen auf[treten]" (Georg Simmel 1890, S.100). So zeigt er auf, dass das Gleiche erst mit den Verknüpfungen und zufälligen Zusammensein von Verschiedenen zur Geltung kommt und den Betroffenen bewusst wird. So wird bei diesem Entstehungsprozess der anhäufenden Unzufriedenheit vor allem die assoziativen Verhältnisse hervorgehoben, die durch das homogene Zugehörigkeitsgefühl aus heterogenen Kreisen hervorgeht (vgl. Simmel 1890, S.101). Sobald die Möglichkeit besteht sich mit anderen Gruppen zu vergleichen und somit nicht nur das absolute Maß der Dinge bemerkbar gemacht wurde, ändern sich die Vorstellungen der zugehörigen Individuen. In seiner Theorie der Ungleichheit wird vor allem, darauf eingegangen wie sich einzelne Gemeinschaften entwickeln. Vor allem durch geistiges homogenes Interesse, scheinen auch unterschiedliche Charaktere zusammenzufinden.

In anderen Theorien wird meist nicht die Tatsache untermalt, dass Ungleichheiten, solange sie nicht in Bezug auf bestimmte Maßstäbe wahrgenommen werden, gesellschaftlich irrelevant bleiben, was in der Relativen Deprivation aus Einsichten von Tocqueville und Simmel hervorgeht. Dieses Phänomen, kann auch an dem genannten Beispiel der deutschen Vereinigung erkenntlich gemacht werden, da seit 1989 eine höhere Unzufriedenheit in der ostdeutschen Bevölkerung herrscht, obwohl sich die Lebensbedingungen allgemein deutlich verbessert haben (vgl. Neckel 2010, S. 383).

6.0 Vergleich zu anderen Revolutionstheorien

Tocquevilles Darstellung ist zudem nur bedingt gültig. Fragwürdig ist es also ob das Tocqueville-Paradox auch als eine relevante Ursache für Revolutionen angesehen werden kann. Zusammenfassend sei so die Verbesserungen der Lebensumstände und somit die Veränderung der subjektiven Wahrnehmung der Ungleichheit von hoher Bedeutung. So betont Tocqueville, es käme häufig vor, „dass ein Volk [...] die drückendsten Gesetze [...] gewaltsam beseitigt, sobald ihre Last sich vermindert" (Esser 1993, S.383). Im Vergleich zu anderen Revolutionstheorien, wie die des Marxismus, werden diese Aspekte nahe zur außenhervor gelassen. Dabei seien Revolutionen eine gesetzmäßige Erscheinung der Klassengesellschaft. In anderen Worten entsteht viel mehr ein Kampf zwischen den einzelnen Klasse aufgrund der sozialökonomischen Verhältnisse, wie es auch in Frankreich der Fall war (vgl. Marx 1859 S.8f). Die Relevanz der subjektiven Empfindungen und vorheriger Reformen wird in dieser Theorie nicht im Fokus betrachtet. Dennoch spricht Marx von dem Bewusstsein der Menschen, wobei das gesellschaftliche Sein das Bewusstsein der Menschen bestimme (vgl. Marx 1959 S.8f.). Somit geraten im Laufe der Entwicklung „die materiellen Produktivkräfte der Gesellschaft in Widerspruch mit den vorhandenen [...] Eigentumsverhältnissen" (Marx 1859 S.8f.). Daher werden sich die Menschen des Konflikts, durch die ansteigende Ungleichheit zwischen Bourgeoisie und Proletariat, bewusst, wodurch letztlich der Konflikt im kompletten Maße ausbricht. Ursächlich werden hierfür im Gegensatz zum Tocqueville Paradox die Widersprüche des materiellen Lebens genannt und das Bewusstsein, das sich hierzu entwickelt. Infolgedessen spielt nach Karl Marx der Antagonismus eine wichtige Rolle zur Entstehung der Revolution. Gegensätzlich zu Tocquevilles Erklärung, käme es durch eine Verstärkung und nicht durch eine Verbesserung der Missstände zu Protesten sowie Aufständen und gegebenenfalls einer revolutionären Entwicklung. Was jedoch gegen diese Vermutungen spricht, sind die Tatsachen, welche aus einer Untersuchung der Umstände einzelner Revolutionen hervorging, dass „längere Perioden der Verbesserung einer zuvor äußerst schlechten wirtschaftlichen Lage der revolutionären Situation üblicherweise vorausgehen„ (Neckel 2010, S. 364). Im weiteren Verlauf wird die Verbesserung jedoch abgeschwächt. Da dieses wiederkehrende Muster beobachtet wurde, sollte um so mehr auf die Wahrnehmungsfaktoren der Akteure geachtet werden. Zur Revolution kommt es nämlich vor allem dadurch, dass Erwartungen enttäuscht werden und die Ansprüche der Bevölkerung nicht mehr der Wirklichkeit entsprechen.

Dadurch entsteht eine Lücke „aus einem Vergleich zwischen zu Ansprüchen verdichteten Erwartungen einerseits und der Realität der Wohlfahrtsentwicklung andererseits „(Esser 1993, S. 383). Hiermit entstehe die Motivation zur Revolution, durch die Enttäuschung der Unterbrechung des Verbesserungsprozesses und nicht durch einen wachsenden Antagonismus. Die Verbesserung der Lebensumstände vor der Revolution spricht somit eher gegen die vermutende Ursache, dass die untere Klasse sich über die stärkeren Missstände bewusst wird, da die Gegensätzlichkeit bezüglich der ausbeutenden und ausgebeteten Klasse wächst. So sei die Ansicht, dass die alleinige Not der Bevölkerung also das absolute Maß der Missstände und Verstärkung des Interessengegensatzes genügt, dass sich eine Revolution entwickelt, naiv (vgl. Esser 1993, S. 381). Denn im Gegensatz zu Tocquevilles Auffassung, wobei sich bezüglich der Französischen Revolution die Bevölkerung auf Grund von Veränderungen und Verbesserung zu Umstürzen motivieren ließ, mögen große Missstände die Gesellschaft eher davon abhalten den Staat zu revolutionieren (vgl. Esser 1993, S.383).

Dennoch scheint auch in Tocquevilles Theorie der Zusammenhang zwischen Verbesserung und folgenden Umstürzen nicht in allen Bereichen zu beobachten.

Vor der Revolution herrschen keine wirtschaftlich blühenden Zeiten, es gibt schlechte Ernte, die erste schwere industrielle Krise ist bei der Bevölkerung Frankreichs zu spüren, wodurch die Arbeitslosigkeit erheblich steigt (vgl. Neckel 2010, 387ff.). Trotz der Tatsache, dass es eine Verfeinerung hinsichtlich der Bedeutung der wirtschaftlichen Situation benötigt, ist nicht auszuschließen, dass die relative Frustration im Prozess einer revolutionären Entwicklung eine große Rolle spielt, wohingegen der auffallende Antagonismus, wie Karl Marx in beschreibt, ebenfalls relevant ist, vor allem nach einer Unterbrechung des Aufschwungs in der Gesellschaft.

7.0 Relative Deprivation

Die relative Deprivation oder auch subjektive Deprivation steht im unmittelbaren Zusammenhang mit dem Tocqueville Paradox. Speziell am Tocqueville Paradox ist, dass es sich vor allem auf den Aspekt der subjektiven Wahrnehmung konzentriert und nicht lediglich auf die Daten des absoluten Ausmaßes der Not.

Die relative Deprivation basiert darauf, dass Gefühle der Entbehrung vor allem auf die zugehörige Bezugsgruppe zurückgeführt werden können. Wie in dem Beispiel der Sowjetunion oder der französischen Revolution, entstehen diese Gefühle vor allem wenn zunächst bloße Wünsche zu Erwartungen werden, diese aber durch die sozialen und gesellschaftlichen Umstände geblockt werden (Neckel 2010, S. 385). Hier bei steht vor allem im Vordergrund, dass das Vergleichen der Bezugsgruppe zu anderen gesellschaftlichen Gruppen, beziehungsweise Umständen, einen hauptsächlicher Faktor zur Entstehung dieser Unzufriedenheit darstellt. Weiterhin wird diese Theorie auch als Grundursache für soziale Bewegungen und sozialen Wandel verwendet. Hierbei sind die Nähe und der Zusammenhang zum Tocqueville-Paradox zu verstehen. Denn gerade durch die Verringerung der Ungleichheit und Verbesserung der Umstände entstehen die genannten Erwartungen, welche meist nicht entsprechend erfüllt werden können. Durch die unerfüllten Ansprüche, welche sich durch Reformen meistens entwickeln können, folgt eine verbreitete relative Deprivation bei vielen Gruppen der Gesellschaft. Durch diesen Prozess könne also die Motivation entstehen, durch Proteste dieses Grundgefühlt des Verlustes entgegen zu spielen und trotz aller Risiken, sich für einen starken Wandel einzusetzen. Häufige Ursachen dieser Gefühle könnten politische oder wirtschaftliche Probleme sein.

Ein Beispiel hierfür kann der Gender-Pay-Gap vorweisen, wodurch von Seiten der Frauen eine hohe relative Deprivation zu erwarten ist. Um dies zu analysieren könnten nun die Gefühle der Betroffenen erfasst werden, so wie Handlungen und Proteste, die sich beispielsweise für die gleiche Bezahlung der Geschlechter einsetzen. Dabei steht in diesem Fall vor allem der Vergleich zwischen den beiden Geschlechtern im Vordergrund. Weitere Tatsachen, die auch das Tocqueville Paradox beschreiben, sind die vielseitigen Diskussionen über die Differenzen zwischen Frauen und Männer. Werden die heutigen beruflichen Möglichkeiten der Frauen, mit denen vor 100 Jahren verglichen, wird deutlich, dass der absolute Wert eine eindeutige Verbesserung vorweist. Die Ungleichheit zwischen Frauen und Männer, auch in der beruflichen Bezahlung ist deutlich gesunken. Die Erwartungen hingegen sind jedoch immens gestiegen, so dass nun weiträumig die komplette Gleichheit von Frauen und Männer beansprucht wird, was vor 100 Jahren noch nicht der Fall war. Da sich aber im Laufe des 21. Jahrhundert die Möglichkeiten des weiblichen Geschlechts enorm verbessert haben, wurden die Menschen bezüglich der noch anhaltenden Ungleichheiten sensibler. Dies zeigt, dass, wenn die starke Verbesserung dennoch die Erwartungen nicht erfüllen kann, somit Unzufriedenheit auftritt. In diesem Beispiel handelt es sich um die sogenannte „fraternal deprivation" die sich von der „egoistic deprivation" abgrenzt, welche sich bloß auf einzelne Individuen bezieht (Pettigrew 2015, S. 13).

Die sogenannte brüderliche Deprivation findet hauptsächliche in Gruppen, welche meistens eine homogene Lage vorweisen statt. So fängt die gesamte Gruppe an ihren Status mit anderen Bezugsgruppen zu vergleichen.

Abgesehen davon, dass diese Theorie auch in der Psychologie wie in der Ökonomie diskutiert wird, befasst sich die Soziologie vor allem im Bezug auf soziale Bewegungen mit diesem Konzept. So scheint der Verlust von erfüllten Erwartungen sich dahin zu entwickeln, dass ein Großteil der Gesellschaft einen sozialen Wandel anstrebt und somit aktiv wird (Pettigrew 2015, S.13).

So könnten mehrere Bewegungen wie die Arbeiterbewegungen und Menschenrechtsbewegung auf Folgen der relativen Deprivation zurückgeführt werden. Vor allem im Zusammenhang von Macht und sozialem Status wird die Theorie gebraucht, um Gründe für die sozialen Bewegungen erkenntlich zu machen.

Folglich wurde in einer Studie herausgefunden, dass die Polizei zufriedener mit ihren langsamen Aufstiegsmöglichkeiten war als Sanitäter mit ihren rapiden Aufstiegen. Die Gründe hierfür lagen darin, dass die Polizisten ihre Aufstiegsmöglichkeiten bloß mit anderen Polizisten vergleichen, und weniger mit Sanitätern, denen sie nur selten begegnet sind. Daraus kann geschlussfolgert werden, dass Zufriedenheit relativ ist und daher auch die ansteigende Unzufriedenheit trotz besserer Umstände während der französischen Revolution erklärt werden kann (vgl. Pettigrew 2015, S.11). Soziales Beurteilen wird also nicht bloß von absoluten Tatsachen beeinflusst, sondern vielmehr durch soziale Vergleiche. Folglich wird relative Deprivation definiert als eine, in Bezugsgruppen entstehende Beurteilung, durch schädigende Vergleiche, wodurch Gefühle der Wut und Demütigung hervorgebracht werden können (vgl. Pettigrew 2015, S.12). Hinzufügend können drei weitere, nicht ausschließende, Komponenten in Anbetracht gezogen werden. Zunächst ist es relevant, dass ein kognitiver Vergleich stattfindet, weiterhin stellen die Individuen fest, dass sie in ihrer Situation benachteiligt sind und zuletzt werden diese Benachteiligungen als ungerecht empfunden. Die Individuen denken somit über mögliche Alternativen nach und verwenden außerdem ihre vergangene Erfahrung (vgl. Pettigrew 2015, S.14).

Eine weitere Unterteilung ist die von individueller und mehrheitlicher relativen Deprivation. Im konkreten Beispiel der Unzufrieden in Ostdeutschland ist vor allem die mehrheitliche relative Deprivation zu beobachten, welche durch den direkten Vergleich zu Westdeutschland entsteht. Diese Gefühle der Ungerechtigkeit und Unzufriedenheit werden somit durch kollektive Einstellungen und Handeln, wie auch durch Vorurteile hervorgehoben. Im Vergleich zur individuellen und kollektiven relativen Deprivation ist die Erkenntnis, dass die bevorzugten Individuen einer benachteiligten Gruppe eher an Protesten teilnehmen, als diejenigen, denen es am schlechtesten geht (Pettigrew 2015, S. 13). Dies untermalt weiterhin die Theorie des Tocqueville Paradoxes. Somit scheinen Individuen einer benachteiligten Gruppe, denen bereits eine Verbesserung spürbar gemacht wurde, eher dazu zu neigen eine höhere Motivation zur weiteren Verbesserung und für Umbrüche zu haben. Ihnen ist die noch anhaltende Ungleichheit bewusster und somit versuchen sie ihr Erwartungen an eine gerechtere Verteilung, durch Proteste und Aufstände zu unterstützen. Denn „Verelendete Masse machen in aller Regel keine Revolution. Sie leiden eher stumm vor sich hin" (Esser 1993, S.382), wohingegen die Gruppen, deren Erwartungen hoch angesetzt sind, weit aus aktiver agieren.

Dennoch wird das Verwenden der relativen Deprivation auf Vorhersagen von Protesten und Aufständen in gewisser Weise kritisiert. In vielen Studien wird davon ausgegangen, dass die relative Deprivation eine hauptsächliche Ursache für solche kollektiven Handlungen ist. Zunächst wird die Theorie von Davies in Frage gestellt, dass vor allem nach Zeiten der Verbesserung, auf Grund der zu hohen Erwartungen, eine Revolution stattfinden könne. Denn mehrere Studien, zum Teil über kollektive gewalttätige Auseinandersetzungen in Frankreich, in einem Zeitraum von 1830-1960 haben diese Theorie nicht immer unterstützt (vgl. Pettigrew 2015, S.19) Ein weiterer Kritikpunkt ist die Auswahl der kollektiven und nicht individuellen Betrachtung der relativen Deprivation (vgl. Pettigrew 2015, S.20). Es scheint eine zu starke psychologische Ebene zu haben und nimmt so die strukturellen Faktoren der kollektiven Umstürze nicht genug in Betracht. Somit könnte es sinnvoller auf individueller Ebene angewendet werden und nicht auf kollektive Zusammensetzung, wie die folgende Unzufriedenheit vor der französischen Revolution, was nach Anbetracht der Beispiele und Studien suspekt bleibt. Denn auf Grund der Tatsache, dass mehrere Vorfälle in der Geschichte auch die Folgen einer kollektiven relativen Deprivation darstellen, zeigt sich ebenfalls die sinnvolle Anwendung. Nur zur Analyse der Ursachen sollte auf Grund der Genauigkeit noch nach weiteren Möglichen Ursachen der Unzufriedenheit beziehungsweise der Proteste gesucht werden, so dass diese Theorie zumindest unterstützen wirken sollte.

Schlussteil

Insgesamt wurde durch die Erarbeitung und das Anwenden von Vergleichen und Beispielen deutlich, welche Folgen das Tocqueville-Paradox auf eine Gesellschaft hat und in welchem Ausmaß es nahezu jedes gesellschaftliche Mitglied im Alltag betrifft. So scheint es schon alleine in der Unzufriedenheit deutscher Bürger wiedererkennbar zu sein. Die Lebensumstände so wie die Lebensqualität in verschiedenen Bereichen hat sich im absoluten Maß, in den letzten Jahrhunderten maßgeblich verbessert. Dennoch scheinen zur Zufriedenheit vor allem die subjektive Wahrnehmung eine hauptsächliche Rolle zu spielen. Wie Tocqueville bereits erläutert wird dieser Verlust der Lebenszufriedenheit paradoxerweise, durch eine Verbesserung erkennbar gemacht. Um diesen Vorgang nachzuvollziehen, ist die genannte relative Deprivation ein sehr ausschlaggebender Punkt, denn das Relative, also das Vergleichende, wird vor allem durch die subjektive Wahrnehmung einzelner gesellschaftlicher Bezugsgruppen deutlich. Diese Unzufriedenheit, die hiermit als eine Mitwirkung und Ursache für soziale Proteste oder letztlich sogar für Revolution zu verstehen ist, schließt sich aus dem Prozess des erklärten Paradoxes. Dadurch können Tocquevilles Erläuterung auch in Anbetracht sozialen Wandels und politischer Revolutionen genommen werden.

Weiterhin wurde deutlich gemacht, dass der zunächst plausibel wirkende Gedankengang, dass bloß durch absolute miserable Umstände in einer Gesellschaft, es aus den Prozessen des kollektiven Handels nicht schließbar ist, dass ein Kollektiv sich aktiv für einen Veränderungsprozess einsetzt. Dadurch wird die Wichtigkeit der subjektiven Wahrnehmung deutlich, welche maßgeblich das Verlangen nach Gleichheit steuert. Somit scheint die bloße Vorhandene Ungleichheit nicht zu bewirken, dass die Individuen für mehr Gleichheit plädieren.

Literaturverzeichnis

Craiutu, Aurelian (2012): Tocqueville's Paradoxical Moderationen, The Review of Politics, Ausgabe 67, No. 4 (Autumn, 2005), pp. 599-629.

De Tocqueville, Alexis (1815): Der alte Staat und die Revolution, München.

Endres, Alexandra (2015): Der Aufschwung geht an den Leuten vorbei. URL: http://www.zeit.de/wirtschaft/2015-12/ostdeutschland-konjunktur-wirtschaft-joachim-ragnitz-ifo (zul. Abgerufen 03.04.2018)

Esser, Hartmut (1993): Soziologie: Spezielle Grundlagen Band 5: Institutionen. Campus Verlag, Frankfurt/New York.

Ewgeniy Kasakow (2015): Auflösung der Sowjetunion URL: https://www.dekoder.org/de/gnose/aufloesung-der-sowjetunion (zul. Aufgerufen: 05.04.2018)

Marx, Karl (1859): Zur Kritik der politischen Ökonomie. Vorwort, in: Karl Marx/Friedrich Engels, Werke, Bd. 13, Berlin /DDR): Dietz 1971.

Neckel, Sighard (2010): Verbesserungen führen zum Umsturz: Alexis de Tocqueville: >>Der alte Staat und die Revolution<< - das Tocqueville- Paradox.

Schattenberg, Susanne/Huhn, Ulrike/Lehmann, Maike/Oberländer, Alexandre/Pleines, Heiko/Putz, Manuela (2014): Informationen zur politischen Bildung/izpb: Sowjetunion II: 1953-1991: Bundeszentrale für politische Bildung, Bundeszentrale für politische Bildung.

Schroeder, Klaus (2010): Deutschland nach der Wiedervereinigung, Bundeszentrale für politische Bildung.

Simmel, Georg (1890): Über soziale Differenzierung, Soziologische und psychologische Untersuchungen, Duncker/Humblot Leipzig.

BEI GRIN MACHT SICH IHR WISSEN BEZAHLT

- Wir veröffentlichen Ihre Hausarbeit, Bachelor- und Masterarbeit

- Ihr eigenes eBook und Buch - weltweit in allen wichtigen Shops

- Verdienen Sie an jedem Verkauf

Jetzt bei www.GRIN.com hochladen und kostenlos publizieren